Gerhard Vilmar

Der Paar - Coach

Herstellung und Verlag: Books on Demand GmbH, Norderstedt

ISBN-13: 978-3-8391-3099-5

Umschlagfoto: Stelen aus Pontevecchio (2. Jahrtausend v.Chr.)
Im Museum „U.Formentini" in La Spezia

Bibliografische Information der Deutschen Bibliothek: Die Deutsche
Bibliothek verzeichnet diese Publikation in der Deutschen
Nationalbibliografie; detaillierte bibliografische Daten sind im Internet unter
http:/dnb.ddb.de abrufbar.

für meine Eltern

Inhaltsverzeichnis

Vorwort

Die Partnerwahl ist eine der schwierigsten Aufgaben in unserem Leben und bringt viele Fragen mit sich. Bedeutet Partnerschaft auch Liebe? Werden Ehen im Himmel geschlossen? Ist eine Beziehung ein Projekt, das gemanagt werden kann? Ist sie ein Vergnügungspark, ein Gefängnis oder gar ein Entsorgungsunternehmen für unliebsame eigene Anteile?

In den letzten 10 Jahren ist die Scheidungsrate um mehr als 40% gestiegen. In den Städten endet die Hälfte und auf dem Land etwa ein Drittel aller Ehen vor dem Scheidungsrichter. Nur noch eine Minderheit der deutschen Kinder wächst in der klassischen Familie mit beiden leiblichen Eltern auf. Der Rest ist Patchwork.

Was können wir heute noch von einer Lebensgemeinschaft erwarten?

Die Ratgeberliteratur zu Beziehungs- und Erziehungsproblemen verzeichnet erstaunliche Zuwachsraten. In schlechten Zeiten geht es den Beratern gut. Und die Rezepte blühen, um den Partnern zu einer besseren Kommunikation zu verhelfen. Denn der Gesprächsschwund ist enorm: einem Durchschnitt von täglich etwa zwei Minuten persönlichem Gespräch in der Beziehung stehen annähernd 4 Stunden vor einem Bildschirm gegenüber.

Dabei wissen es alle: die Qualität einer Beziehung ist entscheidend für die Lebensqualität, die körperliche und seelische Gesundheit. Doch leider gibt es keine festen Regeln für ein Gelingen. Alle Therapiekonzepte können nur Anstöße geben. Und häufig machen sie mangelnde Beziehungsfähigkeit oder sogar mangelnde Beziehungswünsche für die Misere verantwortlich.

Doch nehmen wir einen anderen Blickwinkel ein, so ergibt sich ein anderes Bild:

„Die Instabilität heutiger Beziehungen ist nicht, wie manche Moralisten oder auch Psychotherapeuten klagen, eine Folge von Bindungslosigkeit oder Beziehungsunfähigkeit; sie ist vielmehr die Konsequenz des hohen Stellenwerts, der Beziehungen für das persönliche Glück beigemessen wird, und der hohen Ansprüche an ihre Qualität. Dadurch wird die Trennungsschwelle niedriger, und das führt zu multiplen Trennungserfahrungen und dazu, dass heute massenhaft Beziehungen getrennt werden, die früher als gesund und keinesfalls zerrüttet gegolten hätten." (Schmidt, 2003)

Was kann also getan werden, um die Dauer einer Beziehung so zu beeinflussen, dass sie möglichst viele Jahre von beiden Partner als gut erlebt wird, lebendig und immer wieder ein wenig neu? Auf diese Frage versucht dieses Büchlein eine Antwort - und bleibt dabei ebenso unvollkommen und suchend wie alle Beziehungen. Wenn es trotzdem hilfreich sein kann, würde mich das freuen.

Noch eine Anmerkung zum Sprachgebrauch: in einem Buch, in dem es um Frauen und Männer geht, erwarten die Leser natürlich die beständige sprachliche Gleichstellung. Ich habe jedoch aus Gründen der Lesbarkeit häufig auf ein

Nebeneinander beider Anreden verzichtet. Wenn ich also von „Partner" rede, so sind dabei gleichermaßen die Frauen und die Männer gemeint.

Dies erscheint mir auch deshalb vertretbar, weil die Unterschiede innerhalb der Gruppe der Frauen bzw. der Männer wesentlich größer sind als die Unterschiede zwischen den beiden Geschlechtern.

Gutes Gelingen wünscht Ihnen
Gerhard Vilmar

September 2009

So sind die Liebenden, man liebt
gegebnen Falles an der, die man
verehrt, mitsamt den Fehlern
alles.
Molière

Vom Wünschen und Wollen

Was wir uns wünschen? Einen Partner fürs Leben
oder einen Lebensabschnittsgefährten? Eine
Frau/einen Mann für gewisse Stunden oder einen
versorgenden Ehemann und Familienvater bzw.
eine liebevolle Mutter für die gemeinsamen Kinder
und treue Gattin? Am besten alles miteinander:
liebevoll und zugewandt, erotisch attraktiv und
einfühlsam, romantisch und sachlich, weltoffen
und häuslich, bindungsfähig und unabhängig,
intelligent, aktiv und vielleicht sogar Lebensretter
und Lebenskünstler.

Und aus all diesen Zutaten soll der Traumpartner
entstehen, mit dem ein gemeinsames Leben
denkbar und umsetzbar ist. „Back ihn dir selbst",
kann man da nur sagen, denn den
stromlinienförmigen Superpartner gibt es nur im
virtuellen Netz, in dem heute in jeder Stunde etwa
50 Beziehungen entstehen. Doch Internet-
Romanzen finden meist ein schnelles Ende in der

persönlichen Begegnung, denn 80% unserer Erkenntnisse über die Umwelt gewinnen wir mit Hilfe der Augen (Fisher, 2007).

Und dieser himmlische Partner soll natürlich vom Himmel fallen, oder zumindest a la „Pretty woman" mit der Nobelkarosse vorfahren. Wir wollen gefunden werden. Romantische Vorstellungen haben in nüchternen Zeiten Hochkonjunktur. Für den Wunsch nach dem einzigartig passenden Partner gibt es einen Begriff: die goldene Phantasie! Sie bezeichnet die Vorstellung, dass es irgendwo auf der Welt genau den Partner gibt, der alle gewünschten Vorzüge in sich vereint, von dem man voll und ganz verstanden wird, die ideale Ergänzung für all das, was einem selbst fehlt, „die bessere Hälfte".

Die Wirklichkeit bietet jedoch nur mehr oder weniger menschlich unvollkommene Exemplare – inklusive der eigenen Person. Und wir wissen nicht, wie die fantasierten, ungelebten Leben in einer anderen Beziehung verlaufen wären. So „begnügen" wir uns mit einem guten Partner, denn der perfekte ist nicht zu haben. Doch warum finden wir gerade diesen einen? Was sind die unbewussten Faktoren, die Menschen zueinander führen? Und wie kann Partnerschaft gelernt, erhalten und verbessert werden?

"Aber Liebe ... ist nur eine
Geschichte, die man sich über
eine andere Person ausdenkt,
und man weiß dabei die ganze
Zeit, dass sie nicht stimmt.
Natürlich weiß man es; man
hütet sich aber ständig davor, die
Illusion zu zerstören."
Virginia Woolf

Die Frau ist die einzige Beute,
die ihrem Jäger auflauert.
Louann Brizendine

Total verliebt

Wir betreten die Bühne, den Möglichkeitsraum -
zum Beispiel eine Party.
In Millisekunden scannen wir die Anwesenden,
erkennen bekannte Gesichter, lassen viele
unbeachtet. Wir schauen weiter, Blicke begegnen
sich, plötzlich hat etwas geklickt.

Aus der neurobiologischen Forschung wissen wir,
dass Entscheidungen von unserem Unbewussten
schon längst getroffen wurden, bevor wir sie
bewusst überhaupt zur Kenntnis nehmen können.

Auch in den Zeiten modernster Gerhirnscans bleibt es eine Tatsache:

das Nichtwissen ist für den Ablauf unseres Lebens wesentlich entscheidender als das Wissen; und die unbewussten Anteile an der Beziehung sind etwa neunfach größer ist als die bewussten.

„Das Gefühl, etwas zu wollen, kommt erst, nachdem das limbische System schon längst entschieden hat, was getan werden soll ... Gleichzeitig stellt unser Bewusstsein fest, dass das Gehirn und unser Körper etwas tun, und hält sich ebenso fälschlich für den wahren Verursacher" (Roth, 2000). In der linken Gehirnhälfte sitzt nämlich ein Geschichtenerfinder, der uns im Glauben lässt, dass er alles unter Kontrolle habe. Dabei erdichtet er nachträglich zu allem, was wir schon längst getan oder erlebt haben, eine zu uns passende Geschichte.

Was macht die Attraktivität aus? Warum gerade diese Person? Welches ist die (unbewusste) Grundannahme über unser Gegenüber? Aus der evolutionsbiologischen Forschung wissen wir, dass unser Unbewusstes blitzschnell ein Abgleichen des Immunsystems vornimmt, um das Zeugen möglichst lebensfähiger Nachkommen zu gewährleisten. Wir fühlen uns von Personen

14

angezogen, deren Persönlichkeit die unsere ergänzt, die eigenen Schwächen mildert und unsere Stärken hervorhebt.

Und das, was wir kennen, gefällt uns auch besser. In den Herkunftsfamilien werden Gewohnheiten, Bewertungen, Einstellungen und Vorlieben erlernt, die zur Prägungen von Präferenzen führen. So ist nicht verwunderlich, dass die Gesichter der Partner den Gesichtern der jeweils gegengeschlechtlichen Eltern ähneln, besonders dann, wenn die Beziehung zu diesen in der Kindheit gut war. „Männer finden in ihrer Partnerin auch ihre Mutter und Frauen finden in ihrem Partner ihren Vater" (Spitzer, 2008).

Doch Liebespartner antworten dabei nicht nur auf das Bekannte und Vorhandene sondern machen in uns selbst neue Möglichkeiten sichtbar, die wir bislang nicht für möglich gehalten haben. „Es entsteht der Wunsch, im Geliebten eine Entwicklung in Gang zu setzen, Aspekte zum Wachstum zu bringen, die bisher verschüttet waren und erst jetzt auf dem Nährboden der Liebe zu keimen und zu wachsen beginnen" (Willi, 1991).
„Die Ehe ist idealerweise eine Beziehung, in der die Menschen wagen, sie selbst zu sein" (Gottman, 1999).

Übereinstimmungen im sozioökonomischen Hintergrund, in Ausbildungsgrad und Intelligenz sind meist gute Voraussetzungen für eine erfolgreiche Beziehung. Wenn dann der Funke übergesprungen ist, kommt es zur „Liebeskrankheit" mit Hochgefühl, Appetitmangel und Schlaflosigkeit. Trotzdem ist viel Energie da, gesteigerte Konzentrationsfähigkeit bei gleichzeitig eingeschränkter Wahrnehmungsfähigkeit, hohe Motivation und Zielstrebigkeit, gesteigerte sexuelle Aktivität und gelegentliche Selbstüberschätzung. Die schwärmerische Liebe ist eine Sucht: Gewöhnung, Entzugserscheinungen und Rückfallgefahr.

Die neurobiologischen Forschungen haben bestätigt, was wir in unserem Sprachgebrauch schon lange so ausdrücken: Liebe macht blind! Im Zustand der Verliebtheit werden nämlich wichtige neuronale Netze im Bereich des sogenannten präfrontalen Kortex ausgeschaltet. Dieser Hirnbereich ist das entwicklungsphysiologisch zuletzt ausgereifte Areal, dessen Wachstum und Umgestaltung bei Frauen mit ca. 21 und bei Männern erst mit etwa 23 Jahren abgeschlossen ist. Dort werden nicht nur soziale Kompetenz und Abwägen möglicher Aktionen und deren Konsequenzen verarbeitet, sondern auch die kritische Einstellung zu den anstehenden Aufgaben.

Erst mit dem langsamen „Wiedereinschalten" der vorher „stillgelegten" Hirnareale wird der Partner realistisch(er) gesehen. Die „Blindheit" des Verliebtseins verliert sich. Die Unzulänglichkeiten, die nun plötzlich am Partner wahrgenommen werden, waren in der Phase der Verliebtheit oft etwas Einzigartiges und manchmal geradezu etwas Bezauberndes. Schwächen erschienen in einem verklärten Licht, die Wirklichkeit wurde missachtet. Hinzu kam häufig noch der Reiz der Enttäuschungen. In diesem „Romeo-und-Julia-Effekt" (Fisher, 2007) gaben mögliche Hindernisse und Widrigkeiten der Liebe sogar noch zusätzlichen Auftrieb

Man heiratet nur, wenn man
irgendeine Überraschung
erwartet oder Gewinn,
irgendeine Verbesserung.
Javier Marias: Mein Herz so weiß

Die Ehe ist der Versuch, die
Probleme zu lösen, die man
alleine nicht hat.
Woody Allen

Manche, von denen man dachte
sie seien tot, sind bloß
verheiratet.
Francoise Sagan

Ich habe meine Neurose geheiratet

Anfangs sind es nur feine Haarrisse im Idealbild,
das die Liebe gezeichnet hat. Im Versuch, das
Wunschbild des Partners aufrecht halten zu
können, versuchen noch etwa 80% der Frauen,
den Partner dem vorausgehenden Bild
anzugleichen – „das kriegen wir schon hin." Oder
die Suche nach dem idealen Partner wird anderswo
fortgesetzt.

Die Verliebtheitsphase ist nach durchschnittlich 17
Monaten abgeklungen (Fisher, 2007). In manche

Beziehungen kommt dann Ernüchterung, Streit, gegenseitige Vorwürfe über Unvollkommenheit - und Abschiednehmen. Oder der Weg in die innere Emigration, Flucht in die Arbeit, Suchtmittel oder „elektronische Anästhetika" (Bonner u. Weiss, 2008). Die Scheidungsrate ist aktuell nach etwa vier Ehejahren am höchsten.

Gerade Frauen haben wegen der häufig noch klassischen Rollenverteilung das Gefühl, dass ihr eigener Lebensweg auf dem Abstellgleis endet. Sie fühlen sich bis zur Unkenntlichkeit verheiratet, haben den Eindruck, dass sie ihrem Leben kaum den eigenen Stempel aufgedrückt haben, eine Sparversion leben.

Die Beziehung dümpelt dann vielleicht so lange vor sich hin bis die Partner von äußeren Ereignissen unsanft geweckt werden. Viele geben ihre Lebensträume auf, fügen sich in das scheinbar Unvermeidliche, haben meist auch wenig nachahmenswerte Vorbilder, an denen sie sich orientieren könnten. Die eigenen Eltern haben oft das Gefühl vermittelt, dass die Partnerschaft ausgehalten/ausgesessen werden muss. „Wenn einer von uns beiden stirbt, dann geh' ich nach Paris!" ist die Devise für die Hoffnung auf einen guten und selbstbestimmten Lebensabend.

Dabei erscheint nach außen häufig alles geordnet – und wartet doch auf die große Unordnung. Die Abläufe sind geregelt, es mangelt an Überraschungen. Doch eine neue Verliebtheit kann plötzlich zeigen, dass noch nicht alles zu Ende gedacht ist, dass noch viele lebendige Gefühle ihren Weg ins Leben suchen.

Hätten die Partner genauer geschaut, hätten sie die gemeinsamen Wurzeln der Partnerschaft zu ergründen versucht, wären sie vielleicht sehr schnell dem Geheimnis des Trennenden und des Gemeinsamen näher gekommen, wären neugierig aufeinander geworden, hätten sich besser kennen lernen können und festgestellt, dass sie beide um eine ähnliche, zentralen Lebensthematik kreisen.

Wieder versuchen. Wieder
scheitern. Besser scheitern.
Samuel Beckett

Die Wahrheit beginnt zu zweit.
Friedrich Nietzsche

Wenn zwei Menschen immer
wieder die gleichen Ansichten
haben, ist einer von ihnen
überflüssig.
Winston Churchill

Das Wetterhäuschen

Was suchen die Partner? Was bedeuten sie
füreinander? Was sind die Gemeinsamkeiten eines
Paares? Gibt es Ähnlichkeiten der Lebensmuster?
Hierzu einige Hypothesen der Wissenschaft:

Die Liebe richtet sich nach dem Wunsch, in der
Beziehung nun endlich das alles zu bekommen,
was im bisherigen Leben, vor allem der Kindheit,
entbehrt werden musste (Sulz, 2008). So wie man
den verständnisvollen und Sicherheit gebenden
Elternteil gebraucht hätte, so wird versucht, sich
den Partner hinzu zu idealisieren - fernab der
Realität. Darum fühlen sich die meisten Menschen
nach einiger Zeit in der Partnerschaft ebenso

vernachlässigt wie in der Kindheit. Sie sind frustriert und ärgerlich, erleben die alte Enttäuschungswut wieder, klagen (an) und fordern, wenden sich ab.

Ein anderer Blickwinkel:
Partner finden zueinander, weil in der Kombination zweier auf den ersten Blick unterschiedlicher Lebensgeschichten, doch eine gemeinsame Grundmelodie gefunden werden kann, die beide verbindet. Für uns alle gilt, dass im Zusammenspiel mit anderen der Bewältigungsversuch für ein wichtiges Thema unseres Lebens liegt. Durch ständige Wiederholung des immergleichen Themas suchen wir eine Erlösung aus dem Grundkonflikt durch den Partner. Dabei ist „der Schlüssel zu einer glücklichen Ehe nicht, eine „normale" Persönlichkeit zu haben, sondern jemanden zu finden, zu dem man passt" (Gottman, 1999).

Diesen beiden Sichtweisen ist gemeinsam, dass Kindheit die Partnerschaft bestimmt. Wenn also unsere Vergangenheit über unsere Zukunft entscheidet, dann birgt dies ein hohes Konflikt-potenzial in jeder Partnerschaft: die alten Wunden der Kindheit, neu verpackt, der Wunsch nach einem Ausgleich für die Entbehrungen im bisherigen Leben.

Wenn wir jedoch die eher defizitär orientierte Perspektive verlassen und einen lösungsorientierten Blickwinkel einnehmen, dann können wir sagen: Partnerschaften entstehen, weil jeder im anderen die Ressourcen sieht, mit der eigenen Lebensthematik zu einer befriedigenderen Lösung zu kommen. Denn beim Kennenlernen wird die Übereinstimmung der möglichen Partner mit der eigenen Thematik abgeglichen. Dies geschieht schnell, unbewusst und ist absolut zutreffend.

Wenn also ein gemeinsames Thema die Basis für das Zusammensein darstellt, wenn es eine Achse gibt, um die beide Partner rotieren, dann sollte man davon ausgehen können, dass aus der Verbundenheit der gemeinsamen Thematik auch eine Verbundenheit des Paares hervorgeht.

Doch weit gefehlt. Häufig ist es wie bei einem Wetterhäuschen: einer ist drinnen, einer ist draußen. Die Distanz bleibt meist die gleiche. In den meisten Partnerschaften können niemals beide gleichzeitig drinnen oder draußen sein. Beide Partner rotieren um die gleiche, meist beiden nicht bewusste Thematik.

Dabei erfolgt in Paarbeziehungen im Laufe der Zeit häufig eine Polarisierung in eine regressiv-„kindliche" und eine progressiv-„erwachsene" Rolle. Dies wird als Kollusion bezeichnet (Willi,

1975) und kennzeichnet unbeweglich gewordene Beziehungen.

Michael Balint wählte für diese Paardynamik das Bild des Zauns: einer ist zuständig für die Zaunlatten, einer für die Zwischenräume. Einer symbolisiert also mit seinem Verhalten die Konstanz und Verlässlichkeit, der andere die luftige Weite.

Wir kennen alle diese Paare, in denen ein Partner die Sorgen und Ängste übernimmt, der andere Partner den Frohsinn und die Heiterkeit. Geht nun derjenige in Therapie, dem es offensichtlich schlecht geht und kann sich erfolgreich aus dieser Verteilung befreien, kann sich die Beziehung manchmal völlig drehen. Dass ein solcher Austausch der Positionen möglich ist, beweist sehr deutlich, dass sich die Partner um die Achse der gleichen Lebensthematik drehen.

Und damit ist auch klar, dass es kein Entrinnen aus der persönlichen Verantwortung in Schuldzuweisungen an den Partner gibt. Denn spätestens an dieser Stelle endet die Möglichkeit, die Beziehung als Entsorgungsunternehmen für unliebsame eigene Anteile zu missbrauchen. Die erschreckend einfache Wahrheit lautet: Wir erkennen uns selbst vor allem in der Beziehung!

Nimm mich, wie Gott mich hat
gemacht. Und leih' mir keine
fremden Züge
Annette von Droste-Hülshoff

Das Wesentliche, das
Romantische, ist die
Ungewissheit.
Oscar Wilde

Das deutlichste Zeichen der Neurose ist die Partnerwahl

Beziehungen scheitern aus dem gleichen Grund, aus dem sie zustande kamen. Wenn jemand die Möglichkeit sucht, sich an einen starken Partner anzulehnen, weil er sich dem Leben noch nicht ausreichend gewachsen fühle, sucht er einen Partner, der stark und verlässlich erscheint. Doch häufig ist dies nur die kontraphobisch geglättete Außenhaut dessen eigener Anlehnungswünsche. Dann werden beide eines Tages das Defizit, mit dem sie in die Beziehung kamen, um so deutlicher spüren: sie haben das Gefühl, dass ihr großes Investment kaum Ertrag brachte. Nun sind beide vereint im Defizit und wieder am Ausgangspunkt ihrer Beziehung, nur mit anderen Vorzeichen. Damals erhofften sie Hilfe füreinander, heute „verwalten" sie die Hoffnungslosigkeit oder lassen sich scheiden.

Im Spannungsfeld von Erwartung und Realität stirbt die Hoffnung als letztes. Sie wird hinübergerettet in die nächste Partnerschaft. „Beim nächsten Mann wird alles anders" ist darum der Titel eines Bestsellers. In der nächsten Beziehung werden höchstwahrscheinlich die gleichen Konfliktkonstellationen wieder virulent, weil Partner grundsätzlich einen verstärkenden oder einen dämpfenden Einfluss auf Aspekte der persönlichen Vorgeschichte haben.

Auf dem Weg zu einer wirklich ganz neuen Partnerschaft gibt es zwei große Hindernisse:

Hindernis 1:

Es bleibt bei aller Aufklärung und Selbsterfahrung ein alter Mechanismus: Was wir passiv erlebt haben, setzen wir aktiv um! Das „erlernte" Modell der elterlichen Partnerschaft bildet das entscheidende Vorbild für die eigene Beziehungsgestaltung. Wir wollen es nicht, aber wir können uns von diesem systemimmanenten Wiederholungszwang kaum lösen.

Doch liegt darin auch eine Chance. Denn der Wiederholungszwang wird von der Hoffnung gespeist, dass in einer günstigen Partner-Konstellation zentrifugale Kräfte begünstigt werden, die einen Ausbruch aus den alten Bahnen fördern und eine schrittweise gemeinsame Veränderung ermöglichen. Denn Beziehungen enthalten das Potenzial, Entwicklungen in Gang zu setzen und neue Möglichkeitsräume zu eröffnen.

Hindernis 2:

Die Möglichkeiten Neues zu lernen sind, aus neurobiologischer Sicht gesehen, relativ gering. Nur was ein wenig vom bisher Bekannten abweicht, kann in unseren Erfahrungsschatz integriert werden. Völlig Neues wird von unserem Gehirn sofort als nicht mit dem Bisherigen kompatibel eingeschätzt und verworfen. Nur kleine, diskrete Veränderungen wirken über möglichst viele Wiederholungen und Variationen verändernd auf die festgefahrenen Strukturen.

> Das Geheimnis einer guten Ehe
> sind eiserne Disziplin und
> ständige Kompromisse.
> Königin Elisabeth II. am 60.
> Hochzeitstag

Liebe und/oder Partnerschaft

Auch wenn die bekannten Hindernisse bestehen, wenn die bei den Eltern, im Freundeskreis oder durch die Medien bekannten Beziehungen zeigen, wie schwierig gelingende Partnerschaft ist, erscheint den meisten Paaren die Ehe als die folgerichtige Entscheidung bei Liebe. Sie wird von unserem Staat entsprechend rechtlich geschützt und finanziell gefördert.

Es halten sich, trotz aller Krisen und Scheidungen im Umfeld, die glückseligen Vorstellungen, dass in der eigenen Ehe ein anderes Erleben möglich ist. Die Sehnsucht nach einer gelingenden Ein-Zweiheit ist ein wichtiges Bindeglied. Doch wenn das Ersehnte dann eintritt, kommt es oft schon bald zur Ernüchterung und es zeigt sich, dass der eigenen Beziehung die gleichen Konfliktpotenziale anhaften wie all den anderen um einen herum.

Die Zusammengehörigkeit von leidenschaftlich-emotionaler Liebe und partnerschaftlicher Liebe ist in der Entwicklungsgeschichte der Menschheit relativ neu. Bis vor etwa hundert Jahren stand die gemeinsame Lebensbewältigung im Vordergrund. Es galt in gegenseitiger Pflichterfüllung das Leben zu meistern. Die Aufgaben der ehelichen Gemeinschaft bestanden in existenzieller Absicherung, Erhalt der Familie durch Vermehrung, Sicherung der von den Eltern erwirtschafteten Güter, Versorgung der Alten.

Seitdem diese Pflichten immer mehr in die Gesellschaft verlagert werden konnten, nachdem die (steinzeitlichen) Horden von etwa 30 Personen immer größer geworden sind und Sozialsysteme greifen, stehen in vielen Beziehungen der westlichen Welt nicht mehr die wirtschaftlichen Aspekte im Vordergrund.

In einer von Pflichten geprägten Beziehung konnte durchaus eine liebevolle Verbindung und Freundschaft erwachsen, doch sie war nicht die Voraussetzung für die Partnerschaft. Leidenschaftliche Liebe zwischen Ehepartnern wurde im Mittelalter sogar als Sünde gebrandmarkt. „Seit die Leidenschaft in die Ehe getragen wird, löst sie sich langsam auf" (Mary, 2006).

„Mit der Unterscheidung von Liebe und Partnerschaft soll nicht gesagt werden, diese Motive könnten nicht zusammen vorkommen. Ich betone aber, dass sie nicht automatisch zusammen auftauchen müssen und nicht unbedingt dauerhaft zueinander gehören." (Mary, 2004)

Es geht vielmehr darum, dass das Zusammensein mit jemandem zum großen Teil darin besteht, mit lauter Stimme zu denken, das heißt, alles zweimal statt einmal zu denken, einmal mit dem Denken und einmal mit der Erzählung, die Ehe ist eine Institution, die der Erzählung dient.

Javier Marias: Mein Herz so weiß

Was ist der Nagel jeder Ehe?
Zu langes Zusammensein und zu große Nähe.

Kurt Tucholsky: Ehekrach

Was wollen wir verwirklichen ?

Befragt man Paare, warum sie zusammen sind, kommt meist Erstaunen über eine solche Frage. Denn häufig werden die Ziele für einen gemeinsamen Lebensweg erst im Lauf der Beziehung abgeglichen. Dabei wird die sinnvolle Reihenfolge nicht genügend bedacht: Erst sollte man für sich klären, wohin man möchte, und danach schauen, mit wem dieser Lebensweg beschritten werden kann.

Der deutsche Paartherapeut Michael Mary (2004) unterscheidet die folgenden vier Grundlagen einer Beziehung:

- Bedürfnisse: z.b. Geborgenheit, Zärtlichkeit, sexuelle Lust, materielle Bedürfnisse (Lebensstandard, Absicherung), soziale Bedürfnisse (Status)
- Wesensergänzung: der andere hat etwas, das man in sich selbst nicht oder nur gering zur Verfügung hat
- Verwirklichung von Projekten und Lebensträumen: z.B. Familie, wirtschaftliche oder soziale Ideen, künstlerische Projekte ...
- Beziehungsmythos: wenn ich einen Partner habe, dann werden alle meine Wünsche in Erfüllung gehen; z.B. Glück und Erfüllung, lebenslange Treue, Glaube ...

Hierdurch ergeben sich die folgenden Fragen:

- Was sind die Grundlagen unserer Beziehung? Was verbindet uns wirklich?
- Was wollen wir verwirklichen? Und wie wollen wir es verwirklichen?

- Wie können wir gemeinsam oder in guter partnerschaftlicher Teilung daran arbeiten?
- Was sind wir füreinander?
- Worauf können wir uns miteinander freuen?
- Wie viel Eigenwelt wollen wir uns gegenseitig zugestehen?
- Was würden wir am meisten vermissen, wenn wir auseinander gingen?
- Welches Leben würden wir führen, wenn wir nicht zusammen wären?
- Was will jeder von uns unbedingt getan und erlebt haben, bevor er stirbt?

Und eine wichtige Frage, wenn Feststellungen getroffen werden:

- „Woran (an welchen Taten!) kann ich das erkennen, was du sagst?"

Es „kommt deshalb nicht darauf an, die Beziehung zu lenken, zu gestalten, zu formen, sondern sie zu entdecken, zu erforschen und gegebenenfalls damit zu experimentieren." (Mary, 2004). Es muss nicht unbedingt darum gehen, sich besser zu verstehen, sondern darum, besser miteinander umzugehen. Dabei ist eine verbesserte Kommunikation nicht das Ziel sondern der Weg. Was kann ich tun, damit sich mein Partner von mir maximal unterstützt fühlt? Unterstützung ist das beste Mittel gegen Liebeszerfall.

Die Gefahr geschieden zu werden ist sehr hoch. Gerade darum erscheint es sinnvoll, etwas für die Ehe zu tun. Denn gute Ehen können nicht als selbstverständlich hingenommen werden. Doch ist eine gute Kommunikation nicht unbedingt das Geheimnis einer guten Beziehung. Denn die meisten Gespräche enden ergebnislos. Als wesentlich wichtiger für eine gute Beziehung hat sich erwiesen, dass die Partner sich trauen, sie selbst zu sein und die befremdlichen Seiten des anderen akzeptieren können.

Fürsorge, Zuneigung, Respekt, Verständnis und eine Haltung, in der die Beziehung geehrt wird, haben sich als wesentliche Kriterien für eine Dauerhaftigkeit herausgestellt.

Unterstützung, Aufmerksamkeit und Interesse füreinander kennzeichnen langlebige Partner-schaften. Glückliche Paare rechnen ihr Investment nicht auf.

Die Menschen sind unterschiedlich, die möglichen Beziehungen auch. Also ist die Frage: welches ist die zu diesen beiden Partnern passende

Beziehungsform? In Anerkennung der Tatsache, dass Beziehung immer ein Risiko ist!

Der amerikanische Paartherapeut Arnold Lazarus (2000) empfiehlt die Formulierung von „Stellenangeboten":

- Wie sieht das Anforderungsprofil an den anderen aus?
- Was kann ich als Partner geben?

Die Liebe ist das Kind der
Freiheit.
Französisches Sprichwort

Die Ehe funktioniert am besten,
wenn beide Partner ein bisschen
unverheiratet bleiben.
Claudia Cardinale

Zu einer glücklichen Ehe
gehören meistens mehr als zwei
Personen.
Oscar Wilde

Ein besonders üppiges
Wachstum erfährt die Liebe oft
in Zeiten der Trennung und
unter äußerst widrigen
Umständen.
Charles Dickens

Trennendes

Übernahmen von festgefügten Rollen innerhalb
einer Paarbeziehung sind häufig die Folge von
Zuschreibungen, auch Mystifizierungen genannt,
aus der Kindheit. Eltern nutzen diesen
Mechanismus, wie später auch viele Partner, um
eigene ungeliebte Anteile an ein Kind zu delegieren

und mit den entsprechenden Bemerkungen festzuschreiben:
Du bist genau so wie ......! Du bist doch immer derjenige/diejenige....! Immer tust du .....! Noch nie warst du .....! Das ist wieder typisch für Dich!

Ähnliche Sätze finden sich dann in den Partnerschaften, werden ausgebaut und verfestigt, bis die Rollen festgeschrieben sind. Das Verlassen einer derartigen und meist jahrelang eingeübten Verhaltens- und Denkweise erfordert eine große Anstrengung und ist alleine willentlich meist nicht zu schaffen. Und sollte es dann angegangen werden, so drängen sich plötzlich Schuldgefühle in den Vordergrund. Darf ich meine alte Position verlassen? Ist Eigenständigkeit im Denken und Handeln nicht purer Egoismus? Bringt mein neues Handeln den Partner nicht völlig durcheinander? Bedeutet dies dann das Ende der Beziehung?

Der Abschied vom Unglück fällt schwer! Und es gibt einen passenden Begriff dafür: Ablösungsschuld. Wie in der 2. Strophe von „Hänschen klein" besinnen sich viele, die vorher noch frohgemut in die Welt hinauszogen, „und kehren heim geschwind".

Das hat Ähnlichkeit mit der Thematik der Jugendlichern, die an den Eltern kein gutes Haar lassen, beständig motzen und trotzen und dennoch am Elternhaus kleben, als dürften sie die Eltern nicht ihrem Schicksal überlassen und eigene Welten erobern. Ist Separation nicht auch ein Zeichen für eine verlässliche Gemeinsamkeit und Verbundenheit?

Ein Neuanfang ist für viele Paare oft erst dann möglich, wenn Trennung gedacht werden darf. Die „Fremdheit" der eigenen Person, auch für einen selbst, will kommuniziert werden. Es gilt, sich dem anderen zuzumuten. Schonhaltung („Wir haben uns all die Jahre aneinander vorbeigeschont!") und Zehenspitzengang finden dann ein Ende und machen einem sich langsam öffnenden Blick nach innen und außen Platz.

Gerade von Langzeitpaaren können wir lernen: Toleranz und Akzeptanz der Andersartigkeit ist das Geheimnis guter Partnerschaften. Es geht um Unterstützung und Ermutigung des Partners, auch für einen Weg, der den eigenen Lebensvorstellungen und Wünschen nicht entspricht. Ist nämlich der Möglichkeitsraum für Individualität zu gering, so kommt Aggression auf. Und dann läuft die Partnerschaft Gefahr, dass das gemeinsame Leben zum Umerziehungslager wird.

Man kann „gegen die Träume seines Partners nicht kämpfen. Es macht auch wenig Sinn, sie ihm vorzuwerfen. Er kann nichts dafür, sie werden ihm von seinem Unbewussten vorgegeben. Er kann sie nicht einfach gegen beziehungskompatible Träume austauschen" (Mary, 2004).

Trennung erfolgt häufig nicht deshalb, weil man mit dem Partner unzufrieden ist, sondern weil sich in der Beziehung nicht das verwirklichen lässt, was einem wichtig ist, weil man mit der Beziehung nicht zufrieden ist. Es geht also nicht um die Abwertung des Partners sondern um die Aufwertung dessen, was wir uns selbst schuldig sind. Trennungen können meist dann gelingen, wenn die Vorwürfe ein Ende finden und diese Einsicht greift.

Häufig wird das Nicht-Gelebte in einer Beziehung zu einem Dritten gesucht. „Die Drittperson hat funktionellen Charakter und dient dem Paar dazu, einen offenen ehelichen Konfliktaustrag zu vermeiden oder sich mit dem Konflikt besser zu arrangieren" (Willi, 1975). Somit ist eine Dreieckskonstellation der Versuch einer Lösung für (!) die Beziehung, nicht gegen die Beziehung. Außerdem verdeutlicht der Seitensprung manchmal, dass die sexuellen Gefühle nicht abhanden gekommen sind.

Wie schon beim Kennenlernen spielt auch in der Beziehung zu Dritten die maßgebliche Rolle, dass persönliche Möglichkeiten, die bislang brachlagen, angestoßen werden, miteinander in neue Lebensräume vorzustoßen, Neues zu verwirklichen. „Die Liebe entzündet sich nicht an dem, was schon da ist, sondern an dem, was durch die Beziehung hervorgerufen und ins Leben hineingeholt wird" (Willi, 1991).

Das Joch der Ehe ist so schwer,
dass man zwei Personen braucht,
um es zu tragen – manchmal
drei.
Alexandre Dumas

Dass man, wenn man heiratet, so
furchtbar festsitzt.
Paula Modersohn-Becker

Wohl brach ich die Ehe –
Aber zuerst brach die Ehe –
mich.
Friedrich Nietzsche: Also sprach
Zarathustra

Beziehungswüsten und wüste Beziehungen

Manche Menschen sehen in ihrer Partnerschaft ein Entsorgungsunternehmen für eigene ungeliebte Anteile! Was ich nicht in mir haben und als inneren Stachel beständig fühlen möchte, das versuche ich bei meinem Gegenüber zu deponieren. Wieder einmal sehen wir: die eigene Thematik wird wie in einem Spiegel beim anderen deutlich gesehen, kritisiert und bekämpft.

Ein signifikantes Zeichen hierfür finden wir im Alltag sehr häufig: der Partner wird vor anderen schlecht gemacht. „Er liest sowieso keine Bücher...", „Sie hat ja doch nur die Kinder im Kopf...", „Hauptsache die Sportschau..." Meist ist damit auch nach einer Trennung kein Ende.

„Zwar wusste Wank damals schon, dass die Schlussphase einer Beziehung fast immer gekennzeichnet war durch den Nachholbedarf an Rücksichtslosigkeit, dass sich gegen Ende hin – so wie die Schattenlänge bei sinkender Sonne wuchs - die Mangelhaftigkeit des Partners vervielfachte oder zu vervielfachen schien. Das eigentliche Betrübende war dann nicht mehr die Trennung, sondern der Verdacht, mit einem Scheusal zusammengelebt zu haben" schreibt Markus Werner in seinem Buch „Bis bald".

Die wesentlichen „Stimmungskiller" in der Partnerschaft:

- Zuschreibungen („du bist..." statt „ich erlebe dich..."/Ich-Botschaften)
- Anschuldigungen und Interpretationen des anderen
- Verurteilen und anklagen; dem anderen Fehler nachweisen; Verachtung
- Fordern, ignorieren oder angreifen

- Mangelnde Neugier auf den anderen
- Fehlende gemeinsame Projekte; mangelnde Experimentierfreude und Kreativität
- Unausgesprochene Erwartungen
- Einsame Beschlüsse und die Mauer des Schweigens
- Die eigene Erlebniswirklichkeit mit der Realität verwechseln
- Sich keine Zeit für Gespräche nehmen
- Das Vernachlässigen eigener Persönlichkeitsaspekte

Verschwindet die Liebe, weil es Konflikte gibt, oder gibt es Konflikte, weil die Liebe stirbt?

Beziehungskrisen sind unvermeidlich und notwendig, denn sie dienen der Regulation von Beziehungen. Sie ermöglichen die immer wieder notwendige Bestandsaufnahme der aktuellen Beziehungsverfassung. Und Streit ist auch Erholung von der Liebe.

Doch Streit sollte nicht dazu führen, dass plötzlich das „Rabattmarkenheft" präsentiert wird,

die abgeschlossene Sammlung aller Missetaten und Verfehlungen, verbunden mit einer nicht mehr diskutierbaren Konsequenz.

Der Todeskampf einer Beziehung zeigt sich folgendermaßen:

- die Eheprobleme werden als schwerwiegend erlebt
- es erscheint sinnlos, Dinge anzusprechen
- die Partner leben nebeneinander her und fühlen sich in der Beziehung einsam

Wie Partner mit einem Konflikt umgehen, zeigt am deutlichsten die Chancen, ob eine Beziehung von Dauer sein kann: wird die Meinung des anderen toleriert oder abgewertet, werden Kompromisse gefunden oder beharrt jeder auf seinem Standpunkt; denn Rechtfertigung ist oft eher eine Beschuldigung des Partners.

Eine Beziehung steht immer im Spannungsfeld zwischen Erwartung und Realität. Schön wäre natürlich die lebenslange Verwirklichung von erotischer Spannung in der vertrauten romantischen Zwei-Einheit. Doch das Paar ist immer wieder Versuchungen durch Begegnungen mit anderen potenziellen Partnern ausgesetzt oder aber dem „Erstickungstod" der eigenen Individualität bei steter Gemeinsamkeit.

Ein Zankapfel muss sein, meist sind es die Kinder. Diese Seismographen des Familienlebens zeigen fast immer genau das Thema an, das in der Familie virulent ist. Und manche Paare schützen sich vor zu großer Intimität, indem sie „Puffer" einbauen, wie Suchtmittel, Hobbys, Bildschirme oder eine intensive Hinwendung an die Kinder. Die Eltern müssen sich dann nicht mehr mit ihrem Ehekonflikt auseinandersetzen sondern haben ein anderes „Sorgenkind".

Oft kommt hinzu, dass jeder Elternteil seinen Erziehungsstil als ausgleichende Reaktion auf den Erziehungsstil des Partners legitimiert und auf diese Weise der Konflikt der Partner auf einem anderen Kampfplatz weitergeht. Das Kind wird also zum stellvertretenden Konfliktträger. Weshalb bei auffälligen Kindern der Blick auf das Familiensystem von entscheidender Bedeutung ist, denn Kinder sind oft das Präsentiersymptom der elterlichen Neurose. Darum sollten sich Eltern immer wieder fragen, woran ihre Kinder (und andere Personen im Umfeld) erkennen können, dass sie ein Paar sind?

Ehepaare sind nur glücklich,
wenn einer nie Zeit hat.
Victor von Bülow (Loriot)

Beziehungsarbeit

Menschen reden nur dann miteinander, wenn etwas nicht klar ist. Daraus müsste eigentlich resultieren, dass über die Beziehung unablässig gesprochen wird, über die Partnerschaft als das gemeinsame Dritte, an dem beide kontinuierlich arbeiten, mal mehr mal weniger, bewusst und unbewusst.

Doch die Realität in der bundesrepublikanischen Beziehungslandschaft sieht anders aus: gerade einmal zwei Minuten täglich sprechen Paare über Persönliches miteinander. Damit berauben sie sich der besten Möglichkeit, die Wahrnehmungs-verzerrungen immer wieder zu korrigieren, die sich, gespeist aus den Erfahrungen der Kindheit, unablässig einschleichen. So lernen sie ihren Partner nicht wirklich kennen und verhindern dadurch, die Ressourcen, Sicht- und Vorgehens-weisen des anderen für sich selbst besser zu nutzen.

46

In einer Zeit, in der selbst im Freundeskreis das spontane Feedback kaum noch anzutreffen ist, sollte man Rückmeldungen zu den folgenden Fragen erbitten:

- Wie erlebst du mich?
- Was fällt dir an mir auf?
- Wo im Leben siehst du mich?

Eine philosophische Weisheit: Essere est respici - Sein ist gesehen werden! Ich kann mich nur dadurch definieren, meine eigenen Grenzen erfahren und verdeutlichen, indem ich von anderen wahrgenommen werde und mir dies gespiegelt wird. Besonders deutlich wird dies in der Pubertät, wenn die jungen Menschen durch ihr Verhalten den Wunsch agieren, sichere Hilfe bei der jetzt stärker in den Vordergrund strebenden Definition der eigenen Individualität zu erhalten.

Eine Fortführung dieser Selbstbestimmungsarbeit ist die Streitkultur. Streit ist nötig, Streit ist wichtig. Nicht lauthals, aber eindeutig. Wir müssen uns immer wieder selbst definieren, auch dem anderen gegenüber. Und für einen Prozess der Klärung braucht es die Abgrenzung und das Feedback.

Dabei gilt es, sich dem anderen in seiner ganzen Andersartigkeit zuzumuten, mit allen Ecken und

Kanten in möglichst großer Offenheit. Und das beinhaltet, dass beide sich immer wieder darüber klar werden:

- was jeder der beiden von der Beziehung erwartet;
- wie jeder die Beziehung tatsächlich erlebt.

Dafür braucht es den möglichst intensiven Austausch über die eigenen Gedanken, Erinnerungen, Gefühle, Fantasien, Träume und Hoffnungen. So lässt sich diese Beziehung (vielleicht sogar aus der Distanz der „Beobachter" heraus, die dieses Dritte, die Beziehung, gemeinsam geschaffen haben) besser verstehen.

Für den immerwährenden Prozess dieser Selbstbesinnung und Mitteilung an den anderen empfiehlt Michael Lukas Moeller die Zwiegespräche. Er sieht sie als „Forschungs-zentrum der Beziehung" (Moeller, 2000 u. 2006). Sie dienen dem „Austausch von Selbstporträts": ich zeige meinem Partner, wie ich mich selbst und mein Leben gerade erlebe – meine Gedanken, Träume, Erlebnisse, Wünsche... Dafür braucht es nur wenige Regeln - aber möglichst große Regelmäßigkeit:

- mindestens ein Mal in der Woche für 90 Minuten Zeit zu einem möglichst festen Termin; Voraussetzung ist Ungestörtheit
- es wird abwechselnd jeweils 15 Minuten gesprochen, ohne Unterbrechung, Fragen oder Kommentare
- jeder spricht über das, was ihn bewegt: wie er sich, den anderen, die Beziehung und sein Leben erlebt (Austausch von Selbstbildern)
- keine Fragen; keine Ratschläge; jeder über sich (Ich-Botschaften)
- Vorsicht: Vorwürfe, Übergriffe, Unterbrechungen, Recht haben wollen vermeiden, denn Wahrheitsbehauptungen dienen dem Ziel, den anderen zu ändern, zu „kolonialisieren".

„Zwiegespräche können nicht das Leben ersetzen – jeder weiß es -, aber sie können es beleben" (Moeller, 2006).

„Völlige Offenheit und Ehrlichkeit – den anderen sozusagen in die Seele schauen lassen -ist in einer Beziehung nicht möglich. Gleichzeitig besteht für die Liebenden die ‚Pflicht' zur intimen Kommunikation, denn nur wenn die Partner einander Intimes und Geheimes mitgeteilt haben, unterscheidet sich ihre Beziehung von einer

Freundschaft oder von einer reinen Zweck-Partnerschaft" (Mary, 2006)

Und eine weitere kleine Empfehlung, die tägliche „Goldwäsche" (Moeller, 2000):
jeder veröffentlicht seine beste Einsicht der zurückliegenden 24 Stunden; vielleicht sogar das schönste Erleben des Partners an diesem Tag.

Für die Beziehungsarbeit sollte man sich also verabreden. In der Schlussakte der Konferenz für Frieden und Zusammenarbeit in Europa (KSZE) im Jahr 1975 in Helsinki, taucht erstmals der Begriff „vertrauensbildende Maßnahmen" auf. Ziel ist es, Kriegsvorbereitungen zu erschweren, um diplomatischen Interventionen eine Chance zu geben. Es geht um die Übereinstimmung von Wort und Tat, sowie die Offenlegung von Daten.

Übertragen wir dies auf die Partnerschaft, so zeigen sich 2 wesentliche Faktoren Krisenzeiten zu meistern:

- sich der eigenen Intentionen klar werden und sie veröffentlichen
- erst handeln, nachdem miteinander geredet wurde
- bisherige Strategien (sie dienen immer der Angstvermeidung!) in Frage stellen

50

An der nach seinem Erforscher benannten Gottman-Konstanten kann man für Krisenzeiten auch ablesen, wie Entschuldigungen sinnvoll ausgeführt werden können:
Bei einem negativen, vom Partner verschuldeten Erlebnis, z.b. einem Streit oder einer Kränkung, muss der andere fünf positive Erlebnisse der gleichen Größenordnung stiften.

Bedingungen für eine gelingende Partnerschaft wollen aktiv, bewusst und absichtlich hergestellt werden:

- sich Zeit füreinander nehmen; Bereitschaft für den Austausch zeigen
- Beziehungen organisieren, nicht dahindümpeln lassen
- Selbsterläuterung, Veröffentlichung der eigenen Gedanken, Strebungen
- Positives Feedback – erst den Boden der Verbundenheit kultivieren und dann das Trennende thematisieren
- Schauen, wo gemeinsame „Projekte" die Partnerschaft stärken; etwas miteinander „herstellen", erschaffen – nicht rezeptiv leben

Begrenztheiten

Es gibt keine Sicherheit für die Liebe. Keiner kann dem anderen die ganze Welt sein. Das Bemühen beider Seiten ist noch kein Garant für das Gelingen! Die Menschen sind unterschiedlich, die möglichen Beziehungen auch. So ist die von beiden Partnern gemeinsam zu beantwortende Frage immer wieder neu zu stellen: welches ist die aktuell zu uns passende Beziehungsform?

Wesentlich ist der Respekt vor der Andersartigkeit, dem „Fremdsein" des anderen. Und dies ist nur möglich, wenn den eigenen „fremden" Anteilen offen begegnet wird. Es ist der Respekt vor der Vielfältigkeit des Lebens. Es gibt nicht nur den halben Mann, die halbe Frau. Alles oder nichts! Selbstadoption oder Selbstbindung wird dies auch genannt. Es ist die vordringlichste Bedingung für eine Bindung an einen anderen.

Ein gängiges Manko vieler Ratgeber ist die Tendenz, alle Beziehungen auf das Prokrustes-Bett zu legen und individuellen Eigenheiten der einzelnen oder der Partnerschaft das Etikett der Unzulänglichkeit oder gar Neurose umzuhängen. Die Ehen der Paartherapeuten sind nicht haltbarer als die ihrer Klienten.

Dies ist ein „Kochbuch". Es enthält einige Rezepte, die ein Gelingen nahe legen. Aber wie bei allen Kochbüchern ist das Ergebnis trotzdem manchmal unbefriedigend, auch wenn man sich (oder vielleicht auch: gerade weil man sich) genau an das Rezept gehalten hat.

Es gibt also keine Erfolgsgarantie. Aber die aufgezeigten Wege bieten die Möglichkeit, sich selbst und den Partner besser kennenzulernen, und fördern damit den Blick mit offenen Augen. Wenn dann die Partnerschaft unter anderen Vorzeichen fortgesetzt oder auch beendet werden soll, dann ist es die Folge eines Bemühens und nicht die Folge von Trägheit, mangelnder Auseinandersetzung oder Unfähigkeit. Es ist Zeichen der Einsicht in die Begrenztheiten von Beziehungen.

Literatur

Balint, Michael: Angstlust und Regression. Rowohlt, Reinbek 1972

Bauer, Joachim: Das Gedächtnis des Körpers. Wie Beziehungen und Lebensstile unsere Gene steuern. Piper, München 2005

Bauer, Joachim: Warum ich fühle, was du fühlst. Intuitive Kommunikation und das Geheimnis der Spiegelneurone. Heyne. München 2006

Bonner, Stefan u. Anne Weiss: Generation doof. Wie blöd sind wir eigentlich? Bastei Lübbe, Bergisch Gladbach 2008

Brizentine, Louann: Das weibliche Gehirn. Warum Frauen anders sind als Männer. Goldmann, München 2008

Clement, Ulrich: Guter Sex trotz Liebe. Wege aus der verkehrsberuhigten Zone. Ullstein, Berlin 2006

Clement, Ulrich: Systemische Sexualtherapie. Klett-Cotta, Stuttgart 2004

Fisher, Helen: Warum wir lieben ... und wie wir besser leiben können. Rowohlt, Reinbek 2007

Freud, Sigmund: Jenseits des Lustprinzips (1920). S.Fischer, Frankfurt/Main 1975

Fürstenau, Peter: Psychoanalytisch verstehen, systemisch denken, suggestiv intervenieren. Pfeiffer bei Klett-Cotta, Stuttgart 2007

Gottman, John M.: Die sieben Geheimnisse der glücklichen Ehe. Ullstein, Berlin 2008

Lazarus, Arnold: Fallstricke der Liebe. Vierundzwanzig Irrtümer über das Leben zu zweit.. dtv, München 2000

Mary, Michael: Mythos Liebe. Lügen und Wahrheiten über Beziehungen und Partnerschaften. Bastei Lübbe Verl., Berg. Gladbach 2004

Mary, Michael: Und sie verstehen sich doch. 10 neue Lügen, die Liebe betreffend. Bastei Lübbe, Bergisch Gladbach 2006

Moeller, Michael Lukas: Gelegenheit macht Liebe. Rowohlt, Reinbek 2000

Moeller, Michael Lukas: Die Wahrheit beginnt zu zweit. Das Paar im Gespräch. Rowohlt, Frankfurt/Main 2006

Moeller, Michael Lukas: Die Liebe ist das Kind der Freiheit. Rowohlt, Frankfurt/Main 2006

Richter, Horst Eberhard: Eltern, Kind, Neurose. Rowohlt, Reinbek 1968

Roth, Gerhard in einem Artikel in der Süddeutsche Zeitung 11.4.2000

Schmidt, Gunter: Sexualität und Kultur: Soziokulturelle Wandel der Sexualität." Vortrag an der ETH Zürich am 3.4.2003

Schmidt, Gunter: Einführung in die hypnosystemische Therapie und
　　　Beratung. Carl-Auer-Systeme, Heidelberg 2008
Spitzer, Manfred: Vom Sinn des Lebens. Schattauer, Stuttgart 2007
Spitzer, Manfred: Ödipus im Angesicht. Sexuelle Prägung beim Menschen.
　　　Nervenheilkunde 2008; 27: 1055-1056
Sulz, Serge: Verlieben ist verrückt. Vortrag beim CIP-Kongress in
　　　München 2008
Willi, Jürg: Die Zweierbeziehung. Rowohlt, Reinbek 1975
Willi, Jürg: Was hält Paare zusammen. Rowohlt, Reinbek 1991

Autor

Dr. Gerhard Vilmar arbeitete nach dem
Medizinstudium in verschiedenen Institutionen
und ist seit mehr als 20 Jahren als Therapeut,
Supervisor, Dozent und Coach tätig. Er lebt mit
seiner Familie bei Rosenheim.

Von ihm erschien 2008 „Der Mental-Coach".
Für 2010 ist ein Buch über gelingende Schule in
Vorbereitung.

Der vollständige Erlös aller Bücher geht an den
gemeinnützigen Verein Sascha e.V., der Kinder
und Familien in Liberia, Kenia und Sri Lanka
unterstützt. Näheres unter www.sascha-ev.de

Kontakt: post@gerhard-vilmar.de
　　　　　　Tel. 08036-305381